All-In PHP

Guide complet pour apprendre le
développement Web en PHP

Laurent Baudrin

SOMMAIRE

3

3

Clause de non-responsabilité

« Les insectes ne s'attaquent qu'aux lumières qui brillent »

Le présent texte est une Clause de non-responsabilité s'appliquant à l'intégralité de ce livre. Le lecteur est informé que l'ensemble du contenu de ce livre est fourni à titre non contractuel et strictement destiné à des fins purement informatives.

L'auteur de ce livre ne fournit aucune déclaration, aucun engagement ni aucune garantie d'aucune nature, implicite ou explicite, quant à l'exactitude, la véracité, la fiabilité, l'applicabilité, l'adéquation ou l'exhaustivité des informations présentes dans ce livre. Le contenu de ce livre est susceptible d'avoir été produit et ou traduit à l'aide de mécanismes automatisés. En aucun cas, l'auteur de ce livre ne saurait être tenu responsable de la présence d'imperfections, d'erreurs, d'omissions, ou de l'inexactitude du contenu proposé dans ce livre.

Aucune utilisation des informations présentes dans ce livre, de quelque manière que ce soit, ne saurait ouvrir droit à un quelconque dédommagement ou compensation quel qu'en soit sa nature.

L'auteur de ce livre ne saurait en aucun cas être tenu responsable, d'aucune manière, de tout dommage ou préjudice, de quelque nature que ce soit, direct ou indirect, lié ou non à la négligence, pouvant entre autres, découler de l'utilisation de quelque manière que ce soit des informations contenues dans ce livre, et ce, que l'auteur soit ou non avisé de la possibilité de tels dommages.

Le lecteur demeure, en toutes circonstances, le seul et l'unique responsable de l'utilisation et de l'interprétation des informations figurant dans le présent livre et des conséquences qui pourraient en découler.

Toute utilisation du contenu de ce livre de quelque manière que ce soit s'effectue aux risques et périls du lecteur uniquement et n'engage, en aucun cas, aucune responsabilité d'aucune sorte de l'auteur de ce livre.

Si le lecteur ne comprend pas un mot ou une phrase de la présente Clause de non-responsabilité, ou qu'il n'en accepte pas en partie ou pleinement les termes, il doit obligatoirement renoncer à toute utilisation de ce livre et s'engage à le supprimer ou le détruire sans délai.

INTRODUCTION

La programmation en PHP est un domaine fascinant et en constante évolution qui a joué un rôle central dans la révolution du World Wide Web. Au fil des ans, PHP est devenu l'un des langages de programmation les plus populaires pour le développement web, alimentant d'innombrables sites Internet dynamiques et applications. Que vous soyez un débutant cherchant à apprendre les bases de la programmation en PHP ou un développeur expérimenté cherchant à perfectionner ses compétences, ce livre vous guidera à travers un voyage captivant à travers le monde de PHP.

La Nature de PHP

PHP, qui signifie "PHP: Hypertext Preprocessor" (initialement "Personal Home Page"), est un langage de script serveur open-source largement utilisé. Il est particulièrement adapté au développement web, permettant de créer des sites web interactifs, des applications web, des systèmes de gestion de contenu (CMS), des forums, et bien plus encore. Sa simplicité et sa polyvalence en font un choix de prédilection pour les développeurs du monde entier.

Objectifs de ce Livre

L'objectif de ce livre est de vous accompagner dans votre exploration de PHP, quels que soient vos antécédents en programmation. Que vous soyez un novice à la recherche d'une introduction claire aux concepts fondamentaux de PHP ou un professionnel chevronné cherchant à approfondir vos connaissances, vous trouverez dans ce livre des informations précieuses pour vous aider à atteindre vos objectifs.

Structure du Livre

Ce livre est structuré de manière à vous guider de manière progressive à travers les multiples facettes de PHP. Chaque chapitre se concentre sur des sujets spécifiques, allant des bases de la syntaxe PHP aux concepts avancés de la programmation orientée objet et de la sécurité. Les chapitres sont conçus pour être accessibles et informatifs, et chacun d'entre eux est complété par des exemples pratiques pour renforcer votre compréhension.

À qui s'adresse ce Livre?

Ce livre est conçu pour servir un large public, y compris :

- Les étudiants et les apprenants autodidactes qui cherchent à développer leurs compétences en programmation.

- Les développeurs web débutants qui veulent maîtriser PHP pour créer des sites web dynamiques.
- Les programmeurs expérimentés qui cherchent à améliorer leurs compétences en PHP et à rester à jour avec les dernières tendances et bonnes pratiques.
- Les professionnels de l'informatique qui cherchent à ajouter PHP à leur boîte à outils de développement.

Comment Utiliser ce Livre

Vous pouvez utiliser ce livre de différentes manières. Vous pouvez le parcourir de la première à la dernière page pour une progression linéaire à travers le matériel. Ou, si vous avez déjà une expérience en PHP, vous pouvez l'utiliser comme une référence pour des sujets spécifiques.

Nous espérons que ce voyage à travers le monde de PHP vous sera aussi enrichissant que fascinant. La maîtrise de ce langage peut ouvrir des portes infinies dans le domaine de la programmation web. En route pour une exploration approfondie de PHP !

Chapitre 1 : Introduction à PHP

a. L'historique de PHP

L'histoire de PHP, un langage de programmation serveur de premier plan, est marquée par une évolution continue depuis sa création. Ce langage a été conçu pour répondre aux besoins croissants du développement web, en fournissant un moyen efficace de créer des pages web dynamiques. Dans ce paragraphe, nous allons explorer en détail l'historique de PHP, en mettant en lumière les étapes clés de son développement.

Les Origines de PHP : PHP trouve ses racines au sein de la communauté des développeurs web. En 1994, Rasmus Lerdorf, un informaticien d'origine canadienne, a créé un ensemble de scripts en Perl pour suivre les visiteurs de son site web. Il a ensuite étendu ces scripts pour traiter les formulaires web, l'accès aux bases de données, et la génération de pages dynamiques.

L'historique de PHP

L'histoire de PHP, un langage de programmation serveur de premier plan, est marquée par une évolution continue depuis sa création. Ce langage a été conçu pour répondre aux besoins croissants du développement web, en fournissant un moyen efficace de créer des pages web dynamiques. Dans ce paragraphe, nous allons explorer en détail l'historique de PHP, en mettant en lumière les étapes clés de son développement.

Origines de PHP : PHP trouve ses racines au sein de la communauté des développeurs web. En 1994, Rasmus Lerdorf, un informaticien d'origine canadienne, a créé un ensemble de scripts en Perl pour suivre les visiteurs de son site web. Il a ensuite étendu ces scripts pour traiter les formulaires web, l'accès aux bases de données, et la génération de pages dynamiques. Ce noyau de scripts est devenu la première version de PHP, connue sous le nom de "Personal Home Page Tools."

Le Passage à PHP/FI : La popularité croissante de PHP a conduit à la création de PHP/FI (PHP/Form Interpreter) en 1997. PHP/FI a introduit des fonctionnalités telles que la gestion des formulaires et des bases de données, faisant de PHP un langage de développement web plus robuste. Il a également introduit le concept de "préprocesseur HTML," permettant d'insérer du code PHP directement dans des pages HTML.

La Naissance de PHP 3 : PHP 3, publié en 1998, a marqué un tournant majeur dans l'histoire du langage. Cette version a été complètement réécrite pour inclure un interpréteur Zend, améliorant considérablement la performance et la modularité de PHP. L'adoption de Zend

Engine a également facilité la création de modules et d'extensions, ouvrant la voie à un écosystème de plugins.

Le Soutien de la Communauté Open Source : PHP 3 a été un catalyseur pour l'adoption de PHP par la communauté open source. La disponibilité du code source a encouragé la collaboration et le développement continu du langage. En 1999, PHP 4 a été lancé, apportant des améliorations significatives, telles que le support de l'orienté objet et la gestion des sessions.

Le Virage vers PHP 5 : L'année 2004 a vu l'introduction de PHP 5, qui a été un jalon majeur. Cette version a apporté un modèle objet plus solide, une gestion des erreurs améliorée, et le support de nouvelles fonctionnalités telles que SimpleXML. PHP 5 a jeté les bases pour les versions futures et a contribué à l'adoption généralisée du langage.

L'Ère de PHP 7 et au-delà : PHP 7, publié en 2015, a marqué une percée significative en matière de performances. Grâce à l'introduction de l'interpréteur Zend Engine 3, PHP 7 a considérablement accéléré l'exécution des scripts, réduisant la consommation de mémoire et améliorant la stabilité. Les versions ultérieures, comme PHP 8, ont continué à améliorer la performance, la sécurité, et à introduire de nouvelles fonctionnalités pour répondre aux besoins évolutifs du développement web.

L'historique de PHP illustre la croissance et l'adaptation continues de ce langage en réponse aux exigences changeantes du développement web. C'est un exemple frappant de l'évolution d'un langage open source, depuis ses modestes débuts jusqu'à sa position centrale dans la création d'applications web modernes.

b. L'environnement de développement PHP

Lorsque l'on aborde le développement en PHP, il est essentiel de comprendre l'environnement dans lequel les développeurs travaillent. L'environnement de développement PHP est constitué de divers éléments logiciels, matériels et outils qui facilitent la création, le test et le déploiement d'applications PHP. Dans ce contexte, nous allons explorer les principaux composants de l'environnement de développement PHP, en mettant en lumière leur rôle et leur interdépendance.

Interpréteur PHP : Au cœur de l'environnement de développement PHP se trouve l'interpréteur PHP lui-même. Il s'agit du moteur qui exécute les scripts PHP. Les versions récentes, telles que PHP 7 et PHP 8, offrent des améliorations significatives en termes de performances, de sécurité et de fonctionnalités. L'interpréteur PHP est installé sur le serveur web où l'application sera exécutée.

Serveur Web : Pour tester et déployer des applications PHP, un serveur web est nécessaire. Apache, Nginx, et Microsoft Internet Information Services (IIS) sont des exemples courants de serveurs web compatibles avec PHP. Le serveur web est responsable de la gestion des requêtes HTTP et de la remise des pages web générées par PHP aux navigateurs des utilisateurs.

Base de Données : La plupart des applications web PHP interagissent avec des bases de données pour stocker et récupérer des données. MySQL, PostgreSQL, SQLite et d'autres systèmes de gestion de bases de données sont compatibles avec PHP. Les développeurs utilisent des extensions PHP appropriées pour se connecter à la base de données et exécuter des requêtes.

Éditeur de Code : Les développeurs PHP utilisent des éditeurs de code pour écrire et éditer leurs scripts PHP. Des outils tels que Visual Studio Code, PhpStorm et Sublime Text sont populaires pour leur prise en charge des fonctionnalités telles que la coloration syntaxique, la complétion automatique et le débogage intégré.

Outils de Débogage : Le débogage est essentiel dans le développement PHP pour identifier et corriger les erreurs. Des outils comme Xdebug offrent des fonctionnalités de débogage avancées, y compris la possibilité de mettre en place des points d'arrêt, d'inspecter les variables et de suivre l'exécution du code pas à pas.

Système de Gestion de Version : Pour gérer le code source de manière collaborative, les développeurs utilisent des systèmes de gestion de version tels que Git. Ils peuvent suivre les modifications, collaborer avec d'autres développeurs et revenir à des versions antérieures du code en cas de besoin.

Environnement de Test : Avant de déployer une application PHP en production, il est crucial de la tester dans un environnement de test. Cela peut inclure la mise en place de serveurs de test ou l'utilisation de solutions de virtualisation et de conteneurisation, telles que Docker, pour reproduire l'environnement de production.

c. Premiers pas avec PHP

Les premiers pas avec PHP marquent le point de départ pour les développeurs souhaitant explorer ce langage de programmation serveur. Pour ceux qui sont familiers avec d'autres langages, PHP peut sembler à la fois familier et unique, offrant des possibilités dynamiques pour la création de pages web interactives. Dans cette section, nous allons plonger dans les aspects fondamentaux de la programmation en PHP, en mettant en lumière les concepts de base et les premières étapes à suivre.

Pour commencer, PHP est incorporé directement dans des fichiers HTML. Vous pouvez délimiter le code PHP à l'intérieur de balises spéciales, généralement <?php pour ouvrir le code PHP et ?> pour le fermer. Par exemple, pour afficher "Bonjour, monde !" en utilisant PHP, vous pouvez écrire :

php

```php
<?php
 echo "Bonjour, monde !";
?>
```

Un élément clé dans les premiers pas avec PHP est la gestion des variables. PHP est un langage faiblement typé, ce qui signifie que vous n'avez pas besoin de déclarer le type de variable à l'avance. Par exemple, vous pouvez simplement affecter une valeur à une variable comme ceci :

php

```php
$nom = "John";
```

L'une des caractéristiques les plus puissantes de PHP est la capacité à interagir avec les données soumises via des formulaires HTML. Vous pouvez récupérer ces données en utilisant la superglobale $_POST. Par exemple, si vous avez un formulaire avec un champ nommé "email," vous pouvez accéder à la valeur soumise ainsi :

php

```php
$email = $_POST['email'];
```

En plus de la manipulation de données, les structures de contrôle sont essentielles pour la programmation en PHP. Vous pouvez utiliser des déclarations conditionnelles telles que if et des boucles telles que for pour contrôler le flux d'exécution de votre code. Par exemple, voici un exemple d'une déclaration if :

php

```php
if ($age >= 18) {
  echo "Vous êtes majeur.";
} else {
  echo "Vous êtes mineur.";
}
```

La gestion des erreurs est également un aspect crucial. PHP offre des mécanismes de gestion des erreurs tels que try et catch pour gérer les exceptions. Il est important d'adopter des pratiques de gestion d'erreurs appropriées pour assurer la robustesse de vos applications.

Chapitre 2 : Les Bases de la Syntaxe PHP

a. Variables et types de données

Les variables et les types de données sont les éléments fondamentaux de la programmation en PHP. Les variables sont des conteneurs qui stockent des informations, tandis que les types de données définissent la nature de ces informations. Comprendre les variables et les types de données est essentiel pour manipuler et traiter efficacement les données dans un programme PHP.

Les variables en PHP sont précédées par le symbole du dollar ($) suivi du nom de la variable. Les noms de variables sont sensibles à la casse, ce qui signifie que $nom et $Nom sont considérés comme deux variables distinctes. Par exemple, pour assigner la valeur "John" à une variable $prenom, on utilise la syntaxe suivante :

php

```php
$prenom = "John";
```

PHP est un langage faiblement typé, ce qui signifie que vous n'avez pas besoin de déclarer explicitement le type de variable. Le type est déterminé automatiquement en fonction de la valeur stockée. Par exemple, la variable $age peut contenir un nombre entier, puis être réaffectée pour contenir une chaîne de caractères, comme suit :

php

```php
$age = 30; // $age est un entier
$age = "trente"; // $age est maintenant une chaîne de caractères
```

En PHP, il existe plusieurs types de données courants, notamment les entiers (int), les nombres à virgule flottante (float), les chaînes de caractères (string), les tableaux (array), les booléens (bool), et les objets (object). Par exemple, voici comment déclarer une variable de chaque type :

php

```
$entier = 42;
$flottant = 3.14;
$chaine = "Bonjour, monde !";
$tableau = [1, 2, 3];
$booleen = true;
```

Les opérations sur les variables sont réalisées en fonction de leur type. Par exemple, l'addition est utilisée pour concaténer des chaînes de caractères, tandis que l'addition arithmétique est utilisée pour les entiers et les nombres à virgule flottante. Il est important de comprendre comment les types de données affectent les opérations que vous pouvez effectuer sur les variables, afin d'éviter des erreurs de type.

b. Opérateurs et expressions

Les opérateurs et les expressions jouent un rôle central dans la programmation en PHP en permettant la manipulation, la comparaison et le calcul des données. Les opérateurs sont des symboles spéciaux qui effectuent des opérations sur les données, tandis que les expressions sont des combinaisons d'opérateurs et d'opérandes qui produisent une valeur. Comprendre ces concepts est essentiel pour réaliser des calculs complexes et pour contrôler le flux d'exécution d'un programme.

Les opérateurs en PHP sont regroupés en plusieurs catégories, notamment les opérateurs arithmétiques, les opérateurs de comparaison, les opérateurs logiques, les opérateurs d'affectation, et les opérateurs d'incrémentation et de décrémentation. Par exemple, l'addition (+) est un opérateur arithmétique qui permet de réaliser des calculs tels que :

php

```
$resultat = 5 + 3; // $resultat contient maintenant la valeur 8
```

Les opérateurs de comparaison sont utilisés pour comparer des valeurs et renvoyer des résultats booléens (true ou false). Par exemple, l'opérateur d'égalité (==) permet de vérifier si deux valeurs sont égales :

php

```
$a = 10;
$b = 5;
$estEgal = ($a == $b); // $estEgal contient la valeur booléenne false
```

Les opérateurs logiques, tels que && (ET logique) et || (OU logique), permettent de combiner des expressions booléennes pour effectuer des tests plus complexes. Par exemple, pour vérifier si une valeur est à la fois supérieure à 5 et inférieure à 10, on peut utiliser l'opérateur ET logique :

php

```php
$x = 7;
$estDansLaPlage = ($x > 5 && $x < 10); // $estDansLaPlage contient la valeur booléenne true
```

Les expressions en PHP sont construites en combinant des opérateurs et des opérandes. Les opérandes sont des valeurs sur lesquelles les opérateurs agissent. Par exemple, dans l'expression $a + $b, $a et $b sont les opérandes, et l'opérateur + réalise une addition.

Les parenthèses sont couramment utilisées pour clarifier l'ordre d'évaluation des opérations. Par exemple, pour s'assurer que l'addition est effectuée avant la multiplication, on peut écrire l'expression comme suit :

php

```php
$resultat = ($a + $b) * $c;
```

c. Structures de contrôle en PHP

Les structures de contrôle en PHP sont des éléments clés de la programmation, permettant aux développeurs de gérer le flux d'exécution des programmes. Elles se présentent sous différentes formes, notamment les structures conditionnelles, les boucles, et les interruptions de programme. Comprendre et maîtriser ces structures est essentiel pour créer des applications PHP flexibles et réactives.

Les structures conditionnelles en PHP permettent de prendre des décisions basées sur des conditions spécifiques. L'instruction if est l'une des plus couramment utilisées. Par exemple, elle peut être employée pour vérifier si une variable est égale à une valeur donnée et exécuter un bloc de code en conséquence :

php

```php
$note = 85;
if ($note >= 60) {
echo "Vous avez réussi l'examen.";
} else {
echo "Vous devez réessayer.";
}
```

Les boucles en PHP sont utilisées pour répéter un bloc de code tant qu'une condition est remplie. L'instruction for est souvent employée pour itérer sur une séquence de nombres. Par exemple, la boucle suivante affiche les nombres de 1 à 5 :

php

```php
for ($i = 1; $i <= 5; $i++) {
echo $i;
}
```

Les boucles while et do-while permettent de réaliser des itérations basées sur une condition. Par exemple, une boucle while exécute un bloc de code tant qu'une condition est vraie :

php

```php
$i = 1;
while ($i <= 5) {
echo $i;
$i++;
}
```

L'instruction switch est utilisée pour effectuer des comparaisons multiples et exécuter différents blocs de code en fonction de la valeur d'une expression. Cela est utile pour éviter des séries d'instructions if-else complexes.

En plus des structures de contrôle conditionnelles et des boucles, PHP offre des mécanismes d'interruption du programme, tels que break et continue, qui permettent de modifier le flux d'exécution d'une boucle ou de sortir d'une boucle prématurément.

Les structures de contrôle sont essentielles pour gérer le flux d'exécution des programmes en PHP. Le choix de la structure appropriée dépend du scénario et des conditions spécifiques d'une application. La maîtrise de ces structures permet aux développeurs de créer des programmes dynamiques et interactifs, réagissant de manière adéquate aux entrées de l'utilisateur et aux données en cours de traitement.

Chapitre 3 : Les Fonctions en PHP

a. Création de fonctions

La création de fonctions en PHP est un concept fondamental de la programmation, permettant aux développeurs d'encapsuler des blocs de code réutilisables dans des unités fonctionnelles distinctes. Les fonctions simplifient la gestion du code, améliorent la lisibilité et favorisent la réutilisation du code source. Dans ce contexte, nous allons explorer en détail la création de fonctions en PHP, en mettant en évidence leur structure, leurs paramètres, leurs valeurs de retour, et leur utilité.

Les fonctions en PHP sont définies à l'aide du mot-clé function, suivi du nom de la fonction et de ses paramètres entre parenthèses. Les paramètres sont des valeurs que la fonction accepte en entrée. Par exemple, voici comment une fonction simple pourrait être déclarée :

php

```php
function direBonjour($nom) {
echo "Bonjour, $nom!";
}
```

Une fois qu'une fonction est définie, elle peut être appelée de n'importe où dans le code. L'appel d'une fonction se fait en utilisant son nom suivi de parenthèses, qui peuvent contenir des arguments. Par exemple :

php

```php
direBonjour("Alice");
```

Les fonctions peuvent accepter zéro, un, ou plusieurs paramètres, en fonction des besoins du développeur. Les paramètres servent à transmettre des valeurs à la fonction pour effectuer des opérations spécifiques. Par exemple, une fonction de calcul de somme pourrait accepter deux paramètres :

php

```php
function additionner($a, $b) {
return $a + $b;
}
```

La valeur retournée par une fonction est définie à l'aide de l'instruction return. Cette valeur peut être utilisée dans d'autres parties du programme. Par exemple :

php

```php
$resultat = additionner(5, 3); // $resultat contiendra la valeur 8
```

Les fonctions en PHP offrent une manière efficace d'encapsuler des tâches spécifiques, d'améliorer la modularité du code et de réduire la duplication du code. Elles sont particulièrement utiles pour des opérations fréquemment répétées. La réutilisation des fonctions permet de gagner du temps et de simplifier la maintenance du code.

b. Arguments et valeurs de retour

Les arguments et les valeurs de retour sont des composants cruciaux des fonctions en PHP. Les arguments sont des valeurs fournies en entrée à une fonction, tandis que les valeurs de retour sont les résultats renvoyés par la fonction après son exécution. Comprendre ces concepts est essentiel pour exploiter pleinement la flexibilité et la puissance des fonctions dans le développement PHP.

Les arguments sont les valeurs que l'on passe à une fonction pour qu'elle les utilise lors de son exécution. Une fonction peut accepter zéro, un, ou plusieurs arguments. Par exemple, voici une fonction qui additionne deux nombres passés en arguments :

php

```php
function additionner($a, $b) {
return $a + $b;
}
```

Lors de l'appel de cette fonction, les valeurs spécifiques des arguments sont définies, comme suit :

php

```php
$resultat = additionner(5, 3); // $resultat
contiendra la valeur 8
```

En PHP, les arguments sont passés par valeur par défaut, ce qui signifie que la fonction travaille avec des copies des valeurs d'origine. Cependant, il est possible de passer des arguments par référence en préfixant le nom de l'argument avec l'esperluette &. Cela permet à la fonction de modifier directement les valeurs des arguments.

Les valeurs de retour sont renvoyées par une fonction après son exécution. L'instruction return est utilisée pour spécifier la valeur à renvoyer. Par exemple, voici une fonction qui renvoie le carré d'un nombre :

php

```php
function carre($nombre) {
return $nombre * $nombre;
}
```

Lorsqu'une fonction renvoie une valeur, cette valeur peut être utilisée ailleurs dans le programme. Par exemple :

php

```php
$res = carre(4); // $res contiendra la valeur 16
```

Il est important de noter que chaque fonction en PHP doit avoir une valeur de retour définie, même si cette valeur est null (aucune valeur). Cela assure une cohérence dans le comportement des fonctions.

c. Fonctions prédéfinies en PHP

Les fonctions prédéfinies, également connues sous le nom de fonctions natives, sont un élément clé de la bibliothèque standard de PHP. Ces fonctions sont intégrées dans le langage et fournissent une large gamme de fonctionnalités pour les développeurs. Comprendre leur utilisation est essentiel pour exploiter pleinement le potentiel de PHP et accélérer le développement d'applications.

Les fonctions prédéfinies en PHP couvrent un large éventail de domaines, tels que la gestion des chaînes de caractères, la manipulation de tableaux, l'accès aux fichiers, la communication avec des bases de données, et bien d'autres. Par exemple, la fonction strlen() permet de déterminer la longueur d'une chaîne de caractères :

php

```php
$phrase = "Bonjour, monde !";
$longueur = strlen($phrase); // $longueur contiendra la valeur 15
```

La fonction explode() est utilisée pour diviser une chaîne en un tableau en fonction d'un délimiteur :

php

```php
$elements = explode(",", "pomme,orange,banane");
// $elements contiendra le tableau ["pomme", "orange", "banane"]
```

La bibliothèque standard de PHP offre également un large éventail de fonctions mathématiques, telles que abs(), sqrt(), rand(), ainsi que des fonctions pour travailler avec les dates et le temps, comme date(). Par exemple, pour obtenir la date actuelle au format "Y-m-d" (année-mois-jour) :

php

```php
$date = date("Y-m-d");
```

En outre, PHP propose des fonctions pour la manipulation de fichiers, telles que fread(), fwrite(), et file_get_contents(), permettant de lire, écrire et accéder au contenu des fichiers. Les fonctions de gestion des bases de données, telles que mysqli_query() et pdo_query(), facilitent la communication avec les systèmes de gestion de bases de données.

Les fonctions prédéfinies sont des outils précieux pour les développeurs PHP, leur permettant d'accélérer le développement en utilisant des fonctionnalités courantes déjà implémentées. Elles offrent également une grande fiabilité, car elles sont testées et éprouvées par la communauté PHP. Cependant, il est essentiel de les utiliser judicieusement et de se familiariser avec leur documentation pour tirer le meilleur parti de ces outils.

Chapitre 4 : Gestion des Erreurs et Débogage

a. Gestion des erreurs en PHP

La gestion des erreurs en PHP est un aspect essentiel de la programmation, permettant aux développeurs de détecter, de signaler et de traiter les erreurs qui surviennent lors de l'exécution d'une application. Les erreurs peuvent se produire pour de nombreuses raisons, telles que des erreurs de syntaxe, des problèmes de logique, des exceptions, ou des problèmes de connexion à une base de données. Dans ce contexte, nous allons explorer en détail la gestion des erreurs en PHP, en mettant en évidence les mécanismes de détection, de signalement et de gestion des erreurs.

La détection des erreurs en PHP est généralement effectuée par l'interpréteur PHP lui-même, qui signale automatiquement les erreurs de syntaxe, les avertissements et les erreurs fatales. Ces messages d'erreur fournissent des informations utiles pour identifier la source de l'erreur et le contexte dans lequel elle s'est produite. Par exemple, une erreur de division par zéro génère un avertissement, tandis qu'une erreur de syntaxe provoque un arrêt immédiat de l'exécution du script.

Les exceptions sont un mécanisme de gestion des erreurs plus avancé en PHP. Une exception est générée lorsqu'une situation exceptionnelle se produit, par exemple lorsqu'une tentative de connexion à une base de données échoue. Les exceptions peuvent être capturées et traitées à l'aide de blocs try et catch. Par exemple :

php

```
try {
// Tentative de connexion à la base de données
$connexion              =              new
PDO("mysql:host=localhost;dbname=ma_base"
, "utilisateur", "mot_de_passe");
} catch (PDOException $e) {
// Gestion de l'erreur de connexion
echo "Erreur de connexion : " . $e-
>getMessage();
}
```

Les fonctions de gestion des erreurs en PHP, telles que error_reporting(), set_error_handler(), et set_exception_handler(), permettent de personnaliser la manière dont les erreurs sont gérées. Par exemple, en utilisant set_error_handler(), un développeur peut spécifier une fonction personnalisée pour gérer les erreurs de son application.

L'enregistrement des erreurs en PHP est une pratique courante pour le débogage et le suivi des problèmes. PHP offre des fonctions telles que error_log() qui permettent d'enregistrer des messages d'erreur dans un fichier journal ou de les envoyer par e-mail aux administrateurs du système.

La gestion des erreurs est essentielle pour le développement d'applications PHP robustes et fiables. Elle garantit que les erreurs sont traitées de manière appropriée et que l'application ne plante pas brusquement en cas de problème. Une gestion efficace des erreurs contribue à la stabilité de l'application et à une meilleure expérience utilisateur.

b. Outils de débogage en PHP

Les outils de débogage en PHP sont des éléments indispensables pour les développeurs, car ils permettent de détecter, d'analyser et de corriger les erreurs et les problèmes de code. Le débogage est un processus essentiel pour assurer le bon fonctionnement des applications PHP. Dans cette exploration, nous allons examiner en détail les outils de débogage disponibles en PHP, ainsi que leurs fonctionnalités et leurs avantages.

L'un des outils de débogage les plus couramment utilisés en PHP est Xdebug. Xdebug est une extension PHP qui offre des fonctionnalités avancées de débogage. Il permet de mettre en place des points d'arrêt, de suivre l'exécution du code pas à pas, d'inspecter les variables, et de profiler les performances du code. Par exemple, en utilisant Xdebug, un développeur peut arrêter l'exécution du code à un point d'arrêt et examiner l'état des variables à ce moment précis pour détecter des erreurs.

Un autre outil de débogage populaire est l'intégration de l'environnement de développement intégré (IDE). Des IDE tels que Visual Studio Code, PhpStorm, et Eclipse disposent de fonctionnalités de débogage intégrées qui permettent aux développeurs de déboguer leur code de manière plus fluide. Ces IDE offrent des fonctionnalités telles que le suivi des variables, l'inspection de la pile d'appels, et la visualisation des valeurs lors de l'exécution.

Les journaux d'erreurs en PHP sont également un outil précieux pour le débogage. Les messages d'erreur, les avertissements et les notices sont enregistrés dans les journaux d'erreurs, fournissant des informations sur les problèmes rencontrés. Les développeurs peuvent consulter ces journaux pour identifier et résoudre les erreurs. Les fonctions telles que error_log() permettent d'enregistrer des messages d'erreur personnalisés dans les journaux.

Le mode de débogage de PHP, activé en modifiant la configuration php.ini, est une option permettant d'afficher des informations de débogage directement sur la page web, ce qui facilite l'identification des erreurs. Toutefois, il est important de ne pas activer ce mode sur un serveur de production, car il peut révéler des informations sensibles sur l'application.

L'utilisation de var_dump() et print_r() pour afficher le contenu des variables est une technique courante pour comprendre le comportement du code. Ces fonctions permettent d'inspecter le contenu des variables à des fins de débogage.

Chapitre 5 : Traitement des Formulaires

a. Création de formulaires HTML

La création de formulaires HTML est une compétence fondamentale dans le développement web. Les formulaires sont des éléments interactifs permettant aux utilisateurs de saisir des données et d'interagir avec les pages web. Dans cette exploration, nous examinerons en détail le processus de création de formulaires HTML, en mettant en évidence les éléments clés, les attributs et les bonnes pratiques.

La création d'un formulaire HTML commence par la balise <form>. Cette balise définit l'emplacement où le formulaire sera affiché sur la page web. Elle comporte un attribut action qui spécifie l'URL vers laquelle les données du formulaire seront envoyées lors de la soumission. Par exemple :

html

```
<form                    action="traitement.php"
method="post">
<!-- Contenu du formulaire -->
</form>
```

À l'intérieur de la balise <form>, on place les éléments de formulaire tels que les champs de saisie, les boutons, les listes déroulantes, les cases à cocher et les boutons radio. Chacun de ces éléments est défini par une balise HTML spécifique et peut être accompagné d'attributs pour définir son comportement.

Les champs de saisie de texte sont définis à l'aide de la balise <input>. L'attribut type permet de spécifier le type de champ, par exemple, text, password, ou email. Un exemple de champ de saisie de texte est le suivant :

html

```
<label for="nom">Nom :</label>
<input type="text" id="nom" name="nom">
```

Les listes déroulantes, souvent utilisées pour la sélection de données, sont créées à l'aide de la balise <select>. À l'intérieur de cette balise, on utilise la balise <option> pour définir chaque élément de la liste. Par exemple :

html

```
<label for="pays">Pays :</label>
<select id="pays" name="pays">
<option value="france">France</option>
<option value="espagne">Espagne</option>
<option value="italie">Italie</option>
</select>
```

Les boutons de soumission et de réinitialisation sont définis avec la balise <input> et l'attribut type="submit" ou type="reset". Le bouton "Soumettre" enverra les données du formulaire, tandis que le bouton "Réinitialiser" effacera les saisies. Par exemple :

html

```
<input type="submit" value="Envoyer">
<input type="reset" value="Réinitialiser">
```

La création de formulaires HTML exige également une compréhension des attributs tels que id, name, value, et for, qui facilitent l'interaction entre les éléments du formulaire et le traitement côté serveur. L'attribution d'un id unique à chaque élément permet de les identifier et de les associer avec des étiquettes (label) pour améliorer l'accessibilité.

b. Réception des données de formulaire en PHP

La réception des données de formulaire en PHP est une étape cruciale dans le traitement des informations saisies par les utilisateurs sur une page web. Cette opération permet de collecter les données envoyées par un formulaire HTML et de les traiter, qu'il s'agisse de stockage, de validation ou d'affichage. Dans cette exploration, nous plongeons dans le processus de réception des données de formulaire en PHP, en mettant en évidence les méthodes, les superglobales et les bonnes pratiques associées.

Les données d'un formulaire HTML sont envoyées au serveur web lorsque l'utilisateur soumet le formulaire. Le serveur reçoit ces données et les rend disponibles pour le traitement en utilisant la méthode spécifiée dans la balise <form>. La méthode peut être GET ou POST. La méthode GET transmet les données via l'URL, tandis que la méthode POST les envoie de manière plus sécurisée, dans le corps de la requête.

En PHP, les données du formulaire sont accessibles à travers les superglobales $_GET et $_POST. Par exemple, si un champ de saisie avec l'attribut name="nom" est soumis, sa valeur peut être récupérée de la manière suivante :

php

$nom = $_POST['nom'];

Le choix entre $_GET et $_POST dépend de la méthode utilisée dans le formulaire. Les données $_GET sont généralement utilisées pour les requêtes qui récupèrent des informations, tandis que $_POST est approprié pour les soumissions de formulaires et d'autres données sensibles.

La validation des données du formulaire est une étape importante pour garantir que les données reçues sont correctes et conformes aux attentes. Les développeurs doivent vérifier les données pour s'assurer qu'elles sont valides avant de les utiliser. Par exemple, il est possible de vérifier si un champ est rempli, si une adresse e-mail est correcte, ou si un nombre est dans une plage acceptable.

La manipulation des données de formulaire en PHP peut impliquer des opérations telles que l'ajout en base de données, l'envoi d'e-mails, la génération de rapports ou la mise à jour d'une page web. Les données reçues sont souvent utilisées pour personnaliser le contenu affiché à l'utilisateur.

La sécurité est un aspect crucial de la réception des données de formulaire. Les développeurs doivent s'assurer que les données sont filtrées et échappées pour prévenir les attaques courantes telles que les injections SQL et les attaques XSS (Cross-Site Scripting).

c. Validation et nettoyage des données

La validation et le nettoyage des données constituent une étape cruciale dans le développement d'applications web en PHP. Ces processus visent à garantir que les données reçues à partir de formulaires ou d'autres sources sont correctes, conformes aux attentes et sécurisées pour une utilisation ultérieure. Dans cette exploration, nous plongeons dans les concepts de validation et de nettoyage des données en PHP, en mettant en évidence les méthodes, les bonnes pratiques et les enjeux liés à ces processus.

La validation des données consiste à vérifier que les données reçues sont correctes et respectent les règles préalablement définies. Par exemple, un formulaire de saisie d'e-mail peut être validé pour s'assurer que l'adresse e-mail soumise a le format attendu. En PHP, cette validation peut être réalisée à l'aide de fonctions intégrées telles que filter_var().

php

```php
$email = $_POST['email'];
if (filter_var($email, FILTER_VALIDATE_EMAIL)) {
// L'adresse e-mail est valide.
} else {
// L'adresse e-mail est invalide.
}
```

Le nettoyage des données, d'autre part, consiste à éliminer les caractères non souhaités ou potentiellement dangereux des données reçues. Cela inclut la suppression d'espaces inutiles, la conversion de caractères spéciaux en entités HTML, et d'autres opérations de formatage. Le nettoyage des données est essentiel pour éviter les attaques XSS (Cross-Site Scripting) et pour assurer la sécurité des données stockées et affichées.

php

```
$nom = $_POST['nom'];
$nom = trim($nom); // Supprime les espaces
inutiles
$nom           =          htmlspecialchars($nom,
ENT_QUOTES, 'UTF-8'); // Convertit les
caractères spéciaux en entités HTML
```

La validation et le nettoyage des données sont également essentiels pour garantir la cohérence des données stockées en base de données. Les données invalides ou mal formatées peuvent entraîner des erreurs et des incohérences dans l'application.

La gestion des erreurs est un élément clé de la validation des données. Lorsqu'une donnée échoue à la validation, il est important d'informer l'utilisateur de l'erreur de manière claire et concise. Par exemple, si une adresse e-mail n'est pas valide, l'application devrait afficher un message d'erreur approprié à l'utilisateur.

L'utilisation de bibliothèques de validation telles que Symfony Validator ou Respect Validation simplifie la tâche de validation des données en PHP. Ces bibliothèques fournissent des ensembles de règles prédéfinies pour valider divers types de données, ainsi que des mécanismes pour créer des règles personnalisées.

Chapitre 6 : Manipulation de Fichiers et de Répertoires

a. Lire et écrire dans des fichiers

La lecture et l'écriture de fichiers en PHP sont des opérations courantes nécessaires pour manipuler et stocker des données. Les fichiers jouent un rôle essentiel dans le stockage de configurations, de journaux, de données utilisateur, et bien plus encore. Dans cette exploration, nous allons examiner en détail les méthodes, les fonctions et les bonnes pratiques associées à la lecture et à l'écriture de fichiers en PHP.

La lecture de fichiers en PHP se fait généralement en utilisant la fonction fopen(), qui permet d'ouvrir un fichier en spécifiant le chemin du fichier et le mode d'ouverture. Par

exemple, pour ouvrir un fichier en mode lecture
:

php

```php
$monFichier = fopen("monFichier.txt", "r");
```

Une fois le fichier ouvert, les données peuvent être lues à l'aide des fonctions telles que fgets(), fread(), ou file(). Par exemple, pour lire une ligne à la fois :

php

```php
while (!feof($monFichier)) {
$ligne = fgets($monFichier);
// Traiter la ligne lue
}
```

L'écriture de fichiers se fait également en utilisant fopen(), mais avec un mode d'ouverture différent, tel que "w" pour écrire ou "a" pour ajouter à un fichier existant. Par exemple, pour écrire dans un fichier :

php

```
$monFichier = fopen("monFichier.txt", "w");
fwrite($monFichier, "Donnée à écrire dans le fichier");
```

Il est important de noter que l'écriture dans un fichier en mode "w" écrasera le contenu existant du fichier, tandis qu'en mode "a", les nouvelles données seront ajoutées à la fin du fichier.

La fermeture du fichier après son utilisation est une bonne pratique. Cela se fait en utilisant la fonction fclose(). La fermeture garantit que les ressources système sont libérées et que les données sont correctement enregistrées.

La gestion des erreurs est un aspect essentiel de la lecture et de l'écriture de fichiers. Il est important de vérifier si l'ouverture du fichier a réussi, si la lecture ou l'écriture se sont bien déroulées, et de gérer les erreurs de manière appropriée pour éviter les pannes de l'application.

Les fichiers texte et les fichiers binaires peuvent être lus et écrits en PHP. Cela signifie que PHP peut être utilisé pour manipuler une variété de formats de fichiers, y compris des fichiers texte simples, des fichiers CSV, des fichiers XML, et même des images ou des fichiers audio.

b. Manipulation des répertoires

La manipulation des répertoires en PHP est une opération essentielle dans le développement d'applications web et de systèmes de gestion de fichiers. Les répertoires, également appelés dossiers, servent à organiser et à stocker des fichiers de manière hiérarchique. Dans cette exploration, nous allons examiner en détail les méthodes, les fonctions et les bonnes pratiques associées à la manipulation des répertoires en PHP.

La création de répertoires en PHP se fait en utilisant la fonction mkdir(). Cette fonction permet de créer un nouveau répertoire en spécifiant son nom et le chemin où il doit être créé. Par exemple, pour créer un répertoire nommé "images" dans le répertoire courant :

php

```
mkdir("images");
```

La suppression de répertoires se fait à l'aide de la fonction rmdir(). Cependant, pour supprimer un répertoire, il doit être vide. Si le répertoire contient des fichiers ou d'autres répertoires, ils doivent être supprimés en premier. Pour supprimer un répertoire et tout son contenu :

php

```
function supprimerRepertoire($repertoire) {
if (is_dir($repertoire)) {
$contenu = scandir($repertoire);
foreach ($contenu as $fichier) {
if ($fichier != '.' && $fichier != '..') {
if (is_dir($repertoire . '/' . $fichier)) {
supprimerRepertoire($repertoire . '/' . $fichier);
} else {
unlink($repertoire . '/' . $fichier);
}
}
}
rmdir($repertoire);
}
}
```

La lecture du contenu d'un répertoire se fait avec la fonction scandir(). Cette fonction renvoie un tableau contenant le nom de tous les fichiers et répertoires présents dans le répertoire spécifié. Par exemple, pour afficher la liste des fichiers et répertoires dans le répertoire "images" :

php

```php
$contenu = scandir("images");
foreach ($contenu as $element) {
echo $element . "<br>";
}
```

La gestion des erreurs est cruciale lors de la manipulation des répertoires. Il est essentiel de vérifier si un répertoire existe avant de tenter de le lire ou de le supprimer. Les fonctions telles que is_dir() permettent de vérifier l'existence d'un répertoire.

La sécurité est un aspect important lors de la manipulation des répertoires, en particulier lorsqu'il s'agit de créer ou de supprimer des répertoires. Il est essentiel de s'assurer que les permissions d'accès sont correctement configurées pour éviter des opérations non autorisées.

c. Gestion des fichiers d'upload

La gestion des fichiers d'upload en PHP est une compétence cruciale pour les développeurs web, car elle permet aux utilisateurs de télécharger des fichiers depuis leur navigateur vers un serveur web. Cette fonctionnalité est couramment utilisée pour le téléchargement de fichiers, tels que des images, des documents, ou des médias. Dans cette exploration, nous allons examiner en détail les méthodes, les fonctions et les bonnes pratiques liées à la gestion des fichiers d'upload en PHP.

Pour permettre aux utilisateurs de télécharger des fichiers, il est nécessaire de créer un formulaire HTML qui inclut un champ d'upload de fichiers. La balise <input> avec l'attribut type="file" permet aux utilisateurs de sélectionner un fichier à télécharger. Par exemple :

html

```
<form action="traitement.php" method="post"
enctype="multipart/form-data">
<input type="file" name="fichier">
<input type="submit" value="Télécharger">
</form>
```

L'attribut enctype="multipart/form-data" dans la balise <form> est essentiel pour indiquer que le formulaire doit être envoyé sous forme de données binaires, ce qui est nécessaire pour les fichiers d'upload.

Une fois le formulaire soumis, le fichier téléchargé est stocké temporairement sur le serveur. En PHP, il est possible d'accéder à ce fichier à l'aide de la superglobale $_FILES. Par exemple, pour accéder au nom du fichier téléchargé :

php

```
$nomFichier = $_FILES['fichier']['name'];
```

Pour déplacer le fichier téléchargé vers un emplacement permanent sur le serveur, la fonction move_uploaded_file() est utilisée. Cette fonction prend deux paramètres : le fichier temporaire et le chemin où le fichier doit être stocké. Par exemple :

php

```php
$cheminDestination = "uploads/" . $nomFichier;
if
(move_uploaded_file($_FILES['fichier']['tmp_name'], $cheminDestination)) {
echo "Le fichier a été téléchargé avec succès.";
} else {
echo "Erreur lors du téléchargement du fichier.";
}
```

La sécurité est un aspect critique de la gestion des fichiers d'upload. Il est impératif de vérifier le type de fichier, de limiter la taille des fichiers, et de s'assurer que les fichiers ne contiennent pas de code malveillant. Des bibliothèques telles que Fileinfo ou des règles de validation personnalisées peuvent être utilisées pour renforcer la sécurité.

Chapitre 7 : Bases de Données et MySQL

a. Introduction aux bases de données

Les bases de données jouent un rôle fondamental dans le domaine de l'informatique et de la gestion de l'information. Elles sont des outils essentiels pour stocker, gérer et organiser des données de manière efficace, qu'il s'agisse d'informations commerciales, scientifiques, médicales ou personnelles. Les bases de données sont omniprésentes dans de nombreuses applications, de la gestion des stocks d'une entreprise à la tenue de dossiers médicaux, en passant par les systèmes de réservation en ligne. Cette introduction aux bases de données examinera les concepts fondamentaux, les types de bases de données, et leur rôle crucial dans le monde de l'informatique.

Une base de données est une collection organisée de données structurées qui sont stockées de manière permanente pour un accès ultérieur. Les données dans une base de données sont structurées en tables, qui sont composées de lignes et de colonnes. Par exemple, dans une base de données de gestion d'inventaire, chaque article peut être représenté comme une ligne de données, avec des colonnes pour le nom, la description, la quantité en stock, le prix, etc.

Les bases de données sont essentielles pour stocker des données qui doivent être partagées, mises à jour et consultées de manière fiable. Par exemple, un site de commerce électronique utilise une base de données pour stocker des informations sur les produits, les commandes des clients et les comptes utilisateur. Grâce à la base de données, le site peut afficher en temps réel les informations sur les produits disponibles, traiter les commandes et permettre aux clients de suivre leurs achats.

Il existe plusieurs types de bases de données, y compris les bases de données relationnelles, les bases de données NoSQL, les bases de données orientées objet, et plus encore. Les bases de données relationnelles, telles que MySQL et PostgreSQL, sont basées sur le modèle relationnel et utilisent des tables liées par des clés pour stocker les données. Les bases de données NoSQL, comme MongoDB et Cassandra, offrent une structure plus flexible et sont adaptées aux données non structurées ou semi-structurées.

Les bases de données sont gérées à l'aide de systèmes de gestion de bases de données (SGBD). Un SGBD est un logiciel qui permet de créer, de modifier, de mettre à jour et de récupérer des données dans une base de données. Par exemple, le système de gestion de bases de données MySQL est largement utilisé pour les bases de données relationnelles, tandis que MongoDB est couramment utilisé pour les bases de données NoSQL.

b. Connexion à MySQL en PHP

La connexion à une base de données MySQL en PHP est une étape cruciale pour interagir avec la base de données et accéder aux données stockées. MySQL est l'un des systèmes de gestion de base de données relationnelle les plus couramment utilisés, et PHP offre une gamme d'outils et de fonctions pour établir cette connexion. Cette section abordera les étapes nécessaires pour se connecter à une base de données MySQL en PHP, ainsi que des exemples concrets pour illustrer le processus.

1. Installation du SGBD MySQL : Avant de pouvoir établir une connexion à une base de données MySQL en PHP, il est essentiel de s'assurer que le système de gestion de base de

données (SGBD) MySQL est installé et en cours d'exécution. De plus, le pilote MySQL (par exemple, mysqli ou PDO) doit être activé dans la configuration PHP.

2. Configuration de la connexion : Pour se connecter à une base de données MySQL, les détails de connexion doivent être spécifiés. Cela comprend le nom d'hôte (généralement "localhost" si la base de données est sur le même serveur que le script PHP), le nom d'utilisateur et le mot de passe de la base de données, ainsi que le nom de la base de données elle-même.

3. Établissement de la connexion : PHP fournit des fonctions telles que mysqli_connect() ou l'objet PDO pour établir une connexion à la base de données en utilisant les informations de connexion précédemment définies.

4. Sélection de la base de données : Une fois la connexion établie, il est courant de sélectionner

la base de données spécifique avec laquelle vous souhaitez interagir à l'aide de la fonction mysqli_select_db() ou en définissant la base de données lors de la création de l'objet PDO.

5. Exécution de requêtes : Une fois la connexion établie, vous pouvez exécuter des requêtes SQL pour récupérer, insérer, mettre à jour ou supprimer des données. Par exemple, pour récupérer des données, vous pouvez utiliser mysqli_query() ou PDO pour exécuter une requête SELECT.

6. Gestion des erreurs : Il est essentiel de mettre en place une gestion adéquate des erreurs lors de la connexion à MySQL en PHP. Les fonctions mysqli_connect() ou PDO peuvent renvoyer des erreurs qui doivent être capturées et traitées de manière appropriée.

Un exemple de connexion à MySQL en PHP utilisant l'extension mysqli serait le suivant :

php

```php
<?php
$host = "localhost";
$user = "utilisateur";
$pass = "motdepasse";
$database = "basededonnees";

// Établissement de la connexion
$conn = mysqli_connect($host, $user, $pass, $database);

// Vérification de la connexion
if (!$conn) {
die("La connexion à la base de données a échoué : " . mysqli_connect_error());
}

// Exécution d'une requête SELECT
$query = "SELECT * FROM ma_table";
$result = mysqli_query($conn, $query);

// Traitement des résultats
```

```
while ($row = mysqli_fetch_assoc($result)) {
// Traitement des données ici
}

// Fermeture de la connexion
mysqli_close($conn);
?>
```

La connexion à une base de données MySQL en
PHP est une étape essentielle pour interagir
avec des données stockées. Elle nécessite la
configuration appropriée des informations de
connexion, l'utilisation des fonctions ou des
objets PHP appropriés, la sélection de la base de
données cible et la gestion des erreurs. La
maîtrise de ces compétences est fondamentale
pour tout développeur d'applications web
utilisant PHP pour interagir avec des bases de
données MySQL.

c. Interrogation et modification de bases de données

Interroger et modifier des bases de données est une composante fondamentale du développement d'applications web et de gestion de données. Les bases de données sont utilisées pour stocker et organiser une grande quantité d'informations, et l'interaction avec ces données est essentielle pour les applications qui nécessitent une récupération, une mise à jour ou une suppression de données. Cette section explorera les principes de base de l'interrogation et de la modification de bases de données en utilisant SQL (Structured Query Language), en se concentrant sur des exemples concrets.

1. Interrogation de données : La récupération de données à partir d'une base de données est réalisée à l'aide d'instructions SQL. La commande SELECT est couramment utilisée pour interroger des données. Par exemple, la

requête SQL suivante récupère tous les enregistrements de la table "utilisateurs" :

sql

```sql
SELECT * FROM utilisateurs;
```

2. Filtrage des données : SQL permet de filtrer les données en utilisant des clauses WHERE. Par exemple, pour récupérer uniquement les utilisateurs avec un nom spécifique, vous pouvez utiliser la requête suivante :

sql

```sql
SELECT * FROM utilisateurs WHERE nom = 'John';
```

3. Modification des données : Pour mettre à jour des données, la commande UPDATE est utilisée. Par exemple, pour modifier l'adresse e-mail d'un utilisateur spécifique :

sql

UPDATE utilisateurs SET email = 'nouvelle@email.com' WHERE id = 1;

4. Insertion de données : L'ajout de nouvelles données est réalisé avec la commande INSERT INTO. Par exemple, pour ajouter un nouvel utilisateur :

sql

INSERT INTO utilisateurs (nom, email) VALUES ('Alice', 'alice@email.com');

5. Suppression de données : La suppression de données est effectuée à l'aide de la commande DELETE. Par exemple, pour supprimer un utilisateur spécifique :

sql

DELETE FROM utilisateurs WHERE id = 2;

6. Transactions : Les transactions permettent d'assurer l'intégrité des données lors de modifications multiples. Par exemple, lors d'un transfert d'argent entre deux comptes bancaires, une transaction assure que les montants sont correctement mis à jour et que les erreurs sont gérées.

Chapitre 8 : Sécurité en PHP

a. Les menaces de sécurité courantes

La sécurité des applications web est une préoccupation majeure dans le développement PHP, car ces applications sont exposées à diverses menaces. Comprendre les menaces de sécurité courantes est essentiel pour protéger les données et garantir l'intégrité des systèmes. Dans cette exploration, nous passerons en revue six menaces de sécurité courantes auxquelles les applications PHP sont confrontées, en fournissant des détails et des exemples pour chaque menace.

Injection SQL : Les attaques par injection SQL sont l'une des menaces les plus fréquentes. Elles surviennent lorsque des données non validées sont insérées directement dans des requêtes SQL. Par exemple, si un formulaire de connexion ne valide pas les entrées de l'utilisateur, un attaquant peut saisir '; DROP TABLE utilisateurs; -- dans le champ de mot de passe pour supprimer la table des utilisateurs.

Cross-Site Scripting (XSS) : Les attaques XSS se produisent lorsque des données non validées sont affichées dans le contenu d'une page web. Les attaquants insèrent des scripts malveillants qui s'exécutent dans le navigateur des utilisateurs. Par exemple, si un site n'échappe pas correctement les données utilisateur, un attaquant peut injecter un script qui vole des cookies d'utilisateur.

Cross-Site Request Forgery (CSRF) : Les attaques CSRF exploitent la confiance de l'utilisateur pour effectuer des actions non autorisées sur un site. Un attaquant peut inciter un utilisateur à effectuer involontairement une action sur un site où l'utilisateur est authentifié. Par exemple, un attaquant peut envoyer un e-mail contenant un lien qui déclenche une action non autorisée lorsqu'un utilisateur clique dessus.

Vulnérabilités de sécurité des sessions : Les sessions sont un élément clé de l'authentification des utilisateurs. Les vulnérabilités de sécurité des sessions surviennent lorsque les sessions ne sont pas correctement gérées, permettant ainsi aux attaquants de voler des sessions valides. Par exemple, une session non sécurisée pourrait être interceptée par un attaquant.

Mauvaise configuration : Une mauvaise configuration du serveur web ou de l'application PHP peut entraîner des vulnérabilités de sécurité. Par exemple, laisser des répertoires ou des fichiers sensibles accessibles au public par défaut peut exposer des informations sensibles.

Injection de commandes : Les attaques par injection de commandes se produisent lorsque des données non validées sont transmises à un shell système. Les attaquants peuvent exécuter des commandes sur le serveur. Par exemple, si des données d'utilisateur sont utilisées pour construire des commandes système, un attaquant peut les manipuler pour exécuter des commandes malveillantes.

b. Validation des données utilisateur

La validation des données utilisateur est une composante cruciale du développement d'applications web en PHP. Elle vise à garantir que les données saisies par les utilisateurs sont correctes, complètes et conformes aux attentes, ce qui contribue à la fiabilité et à la sécurité des applications. Dans cette exploration, nous allons examiner en détail les méthodes, les fonctions et les bonnes pratiques associées à la validation des données utilisateur en PHP.

La validation des données utilisateur commence par la vérification des entrées fournies par les utilisateurs, qu'il s'agisse de formulaires de saisie, de champs de recherche, ou d'autres moyens d'interaction. Les règles de validation sont établies en fonction des attentes de l'application. Par exemple, un champ d'adresse e-mail peut être validé pour s'assurer que l'adresse est au format correct.

En PHP, les filtres de validation sont couramment utilisés pour valider les données. La fonction filter_var() permet d'appliquer des filtres prédéfinis ou personnalisés pour valider des données. Par exemple, pour valider une adresse e-mail, on peut utiliser :

php

```php
$email = $_POST['email'];
if                              (filter_var($email,
FILTER_VALIDATE_EMAIL)) {
// L'adresse e-mail est valide.
```

```
} else {
// L'adresse e-mail est invalide.
}
```

La validation des données utilisateur comprend également la vérification de la taille des données. Par exemple, un champ de mot de passe peut être validé pour s'assurer qu'il comporte au moins huit caractères. La fonction strlen() est couramment utilisée pour cette tâche.

Une validation des données utilisateur efficace implique également de fournir des messages d'erreur appropriés en cas de non-validation. Les messages d'erreur doivent être clairs et informatifs pour guider les utilisateurs sur la manière de corriger les erreurs.

La validation des données utilisateur est essentielle pour garantir la sécurité des applications. Elle permet d'éviter les attaques courantes telles que l'injection SQL et le Cross-

Site Scripting (XSS). Par exemple, en validant correctement les données entrées par l'utilisateur, on peut empêcher l'injection de scripts malveillants dans les entrées, renforçant ainsi la sécurité.

c. Protection contre les injections SQL

La protection contre les injections SQL est une préoccupation majeure en matière de sécurité dans le développement d'applications web en PHP. Les injections SQL surviennent lorsque des données non validées sont insérées directement dans des requêtes SQL, ce qui permet aux attaquants d'exécuter du code SQL malveillant sur la base de données. Dans cette exploration, nous examinerons en détail les méthodes, les fonctions et les bonnes pratiques destinées à protéger les applications contre les injections SQL en PHP.

La première étape dans la protection contre les injections SQL consiste à valider et à filtrer les données entrées par l'utilisateur. Il est essentiel de s'assurer que seules les données valides et attendues sont incluses dans les requêtes SQL. Par exemple, un champ de saisie d'identifiant utilisateur ne devrait contenir que des caractères alphanumériques, et non des caractères spéciaux ou des instructions SQL.

En PHP, l'utilisation de requêtes préparées est une méthode efficace pour empêcher les injections SQL. Les requêtes préparées permettent de séparer les données des instructions SQL, réduisant ainsi le risque d'injection. Par exemple, avec l'extension PDO (PHP Data Objects) :

php

```php
$nomUtilisateur = $_POST['nom'];
$motDePasse = $_POST['motdepasse'];
```

```
$pdo                        =                    new
PDO('mysql:host=serveur;dbname=base',
'utilisateur', 'motdepasse');
$requete = $pdo->prepare("SELECT * FROM
utilisateurs WHERE nom = ? AND motdepasse =
?");
$requete->execute([$nomUtilisateur,
$motDePasse]);
```

L'échappement des données est une autre technique de protection contre les injections SQL. Cette méthode consiste à traiter les données de manière à rendre inoffensives les caractères spéciaux, en les transformant en chaînes de caractères inoffensives. En PHP, la fonction mysqli_real_escape_string() est utilisée pour échapper les données.

La mise en place de rôles et de permissions appropriés dans la base de données peut également contribuer à la protection contre les injections SQL. Les utilisateurs de l'application ne devraient avoir que les privilèges strictement nécessaires pour éviter les manipulations non autorisées.

La sécurité doit être prise en compte à chaque étape du développement. Il est essentiel de surveiller les journaux d'erreurs et de mettre en place des mécanismes de détection des attaques pour détecter rapidement les tentatives d'injections SQL.

Chapitre 9 : Sessions et d'Authentification

a. Utilisation de sessions en PHP

Les sessions sont un concept fondamental en développement web, permettant aux applications de maintenir l'état d'un utilisateur tout au long de sa visite. En PHP, les sessions jouent un rôle essentiel pour suivre l'authentification des utilisateurs, stocker des données temporaires et personnaliser l'expérience de l'utilisateur. Dans cette exploration, nous allons examiner en détail les méthodes, les fonctions et les bonnes pratiques liées à l'utilisation de sessions en PHP.

Les sessions en PHP sont gérées à l'aide de la superglobale $_SESSION. Pour commencer une session, il est nécessaire d'appeler la fonction session_start(). Une fois la session démarrée, il est possible de stocker des données dans la variable $_SESSION pour les rendre accessibles tout au long de la session de l'utilisateur. Par exemple, pour stocker le nom d'utilisateur dans une session :

php

```
session_start();
$_SESSION['utilisateur'] = 'NomUtilisateur';
```

Les sessions sont particulièrement utiles pour gérer l'authentification des utilisateurs. Lorsqu'un utilisateur se connecte avec succès, des informations telles que son identifiant ou son rôle peuvent être stockées dans la session pour personnaliser son expérience. Cela permet d'éviter de demander à l'utilisateur de s'authentifier à chaque nouvelle page visitée.

La sécurité des sessions est une préoccupation majeure. Les sessions doivent être sécurisées pour empêcher les attaques, notamment la fixation de session (session fixation) et le vol de session. Les identifiants de session doivent être générés de manière aléatoire et stockés de manière sécurisée.

La durée de vie d'une session peut être configurée en définissant une limite de temps d'inactivité. Par exemple, une session peut expirer automatiquement après une période définie d'inactivité de l'utilisateur, ce qui renforce la sécurité.

Les sessions sont également utilisées pour stocker des paniers d'achats temporaires, des préférences utilisateur et d'autres données temporaires. Cela permet aux utilisateurs de conserver des informations entre les visites et de personnaliser leur expérience.

b. Création de systèmes d'authentification

Les systèmes d'authentification sont une composante fondamentale de nombreuses applications web en PHP, car ils permettent de contrôler l'accès aux ressources en ligne de manière sécurisée. La création de systèmes d'authentification efficaces est cruciale pour protéger les données sensibles et garantir que seuls les utilisateurs autorisés ont accès à certaines parties de l'application. Dans cette exploration, nous allons examiner en détail les méthodes, les fonctions et les bonnes pratiques liées à la création de systèmes d'authentification en PHP.

La première étape dans la création d'un système d'authentification est d'établir une interface de connexion. Cela peut être réalisé en créant un formulaire de connexion où les utilisateurs saisissent leur nom d'utilisateur et leur mot de passe. Par exemple :

html

```
<form            action="authentifier.php"
method="post">
<input    type="text"    name="nom_utilisateur"
placeholder="Nom d'utilisateur">
<input type="password" name="mot_de_passe"
placeholder="Mot de passe">
<input type="submit" value="Se connecter">
</form>
```

En PHP, le script "authentifier.php" serait responsable de vérifier les informations d'identification saisies par l'utilisateur. La vérification implique de comparer les données fournies par l'utilisateur avec celles stockées dans la base de données. Si les données correspondent, l'utilisateur est authentifié.

La création d'un hachage sécurisé des mots de passe est essentielle pour la sécurité. Plutôt que de stocker les mots de passe en texte clair, les hacher avant de les stocker est une pratique courante. PHP propose des fonctions telles que password_hash() pour créer un hachage sécurisé et password_verify() pour vérifier les mots de passe.

La gestion des sessions est un élément clé de l'authentification. Une fois qu'un utilisateur est authentifié avec succès, une session peut être créée pour maintenir son état de connexion. Cela permet aux utilisateurs de naviguer à travers différentes parties de l'application sans devoir se reconnecter à chaque page.

La sécurité des sessions est un point crucial. Les sessions doivent être sécurisées pour empêcher les attaques telles que la fixation de session (session fixation) et le vol de session. Les identifiants de session doivent être générés de manière aléatoire et stockés de manière sécurisée.

c. Sécurisation des sessions

La sécurité des sessions est d'une importance cruciale dans le développement d'applications web en PHP. Les sessions sont largement utilisées pour suivre l'état de connexion des utilisateurs, stocker des données temporaires et personnaliser l'expérience de l'utilisateur. Cependant, elles sont vulnérables à diverses menaces, notamment la fixation de session et le vol de session. Par conséquent, il est impératif de mettre en place des mesures de sécurité adéquates pour garantir l'intégrité des sessions. Dans cette exploration, nous examinerons en détail les méthodes, les fonctions et les bonnes pratiques liées à la sécurisation des sessions en PHP.

La génération d'identifiants de session sécurisés est une première étape essentielle. Les identifiants de session doivent être aléatoires, imprévisibles et difficiles à deviner. PHP génère automatiquement des identifiants de session sécurisés par défaut, mais il est possible de personnaliser cette génération en utilisant session_id().

Le stockage sécurisé des identifiants de session est également crucial. Ils ne doivent pas être exposés dans les URL ni stockés en clair dans les cookies. Au lieu de stocker l'identifiant de session dans l'URL, il est recommandé de le stocker dans un cookie de session sécurisé qui ne peut pas être lu par JavaScript.

La durée de vie des sessions doit être gérée pour éviter les sessions inactives. L'option session.gc_maxlifetime dans le fichier de configuration PHP détermine la durée de vie maximale des sessions. Les sessions inactives pendant cette période sont nettoyées automatiquement.

La régénération d'identifiants de session est une mesure de sécurité supplémentaire. Elle consiste à régénérer l'identifiant de session après chaque authentification réussie pour réduire le risque d'attaque de fixation de session. La fonction session_regenerate_id() permet de réaliser cette opération.

Les attaques par fixation de session surviennent lorsque des attaquants imposent délibérément un identifiant de session à un utilisateur. Il est recommandé d'associer l'identifiant de session à l'adresse IP de l'utilisateur pour limiter les risques.

Chapitre 10 : Création de Sites Web Dynamiques

a. Introduction au développement web

Le développement web est un domaine en constante évolution qui joue un rôle central dans la création et la maintenance d'applications et de sites internet. Il englobe un ensemble de compétences techniques et créatives visant à concevoir, à développer et à optimiser des sites web interactifs et fonctionnels. Ce domaine est le fruit de l'intersection de diverses disciplines, allant de la programmation et de la conception graphique à la gestion des bases de données et à l'expérience utilisateur. Le développement web offre une opportunité unique de créer des solutions numériques qui ont un impact significatif sur la manière dont les individus, les entreprises et les organisations interagissent en ligne.

Le développement web commence par la création de la structure d'un site, généralement définie en HTML (Hypertext Markup Language). HTML permet de structurer le contenu du site en utilisant des balises, telles que <head> pour les informations de tête et <body> pour le contenu principal. Par exemple, pour afficher un titre, on utilise <h1>Mon Titre</h1>. Le CSS (Cascading Style Sheets) est ensuite utilisé pour définir la mise en page et le style visuel du site, en séparant la structure du contenu de sa présentation.

La programmation côté serveur, souvent réalisée en PHP, Python, Ruby, ou Java, permet d'ajouter des fonctionnalités dynamiques au site. Par exemple, un site de commerce électronique utilise un langage côté serveur pour gérer les paniers d'achat, les paiements en ligne et les bases de données de produits. La programmation côté client, avec JavaScript, améliore l'interactivité en permettant des actions telles que le chargement dynamique de contenu ou la validation de formulaires en temps réel.

Le développement web englobe également des considérations de sécurité importantes, notamment la protection contre les attaques telles que l'injection SQL, le Cross-Site Scripting (XSS) et la fixation de session. Il est essentiel de mettre en œuvre des bonnes pratiques de sécurité pour protéger les sites et les données des utilisateurs.

b. Création de pages dynamiques

La création de pages web dynamiques est au cœur du développement web moderne. Elle permet de concevoir des sites interactifs et personnalisés, offrant aux utilisateurs une expérience en constante évolution. La dynamique des pages web est réalisée à l'aide de technologies telles que PHP, Python, Ruby, ou Java pour le côté serveur, et JavaScript pour le côté client. Cette approche permet de créer des sites web capables de s'adapter en temps réel aux actions de l'utilisateur et de fournir un contenu personnalisé.

Le côté serveur joue un rôle essentiel dans la création de pages dynamiques. En utilisant des langages de programmation tels que PHP, il est possible de générer du contenu à la volée en fonction des données stockées dans une base de données ou d'autres sources. Par exemple, un site de médias sociaux peut utiliser PHP pour extraire les publications d'un utilisateur depuis une base de données et les afficher de manière dynamique sur son profil.

Le côté client, avec JavaScript en tant que langage principal, apporte une interactivité essentielle aux pages web dynamiques. Par exemple, JavaScript peut être utilisé pour créer des boutons qui déclenchent des actions, comme le chargement dynamique de contenu ou la validation de formulaires en temps réel. Lorsque l'utilisateur interagit avec un site, JavaScript permet de mettre à jour le contenu sans nécessiter de rechargement complet de la page.

Les requêtes asynchrones, souvent réalisées avec la technologie AJAX (Asynchronous JavaScript and XML), sont couramment utilisées pour charger des données depuis le serveur en arrière-plan, sans interrompre l'expérience de l'utilisateur. Par exemple, un site de météo peut utiliser AJAX pour récupérer en temps réel les prévisions météorologiques locales, sans recharger l'ensemble de la page.

La création de pages dynamiques est également liée à la gestion des sessions, car il est nécessaire de suivre l'état de l'utilisateur tout au long de sa visite pour personnaliser l'expérience. Par exemple, un site de commerce électronique utilise des sessions pour conserver le panier d'achat d'un utilisateur entre différentes pages.

c. Interaction avec JavaScript et AJAX

L'interaction avec JavaScript et l'utilisation d'AJAX (Asynchronous JavaScript and XML) sont des éléments fondamentaux du développement web moderne. JavaScript, en tant que langage de programmation côté client, permet d'ajouter une dimension interactive aux pages web, tandis qu'AJAX permet de charger des données en arrière-plan de manière asynchrone, améliorant ainsi l'expérience de l'utilisateur. Cette combinaison de technologies est essentielle pour créer des sites web réactifs et interactifs.

JavaScript est utilisé pour ajouter de l'interactivité aux pages web. Il permet de manipuler le contenu HTML et de réagir aux actions de l'utilisateur. Par exemple, JavaScript peut être utilisé pour créer des diaporamas d'images, des formulaires interactifs, des menus déroulants, et bien d'autres fonctionnalités. Lorsqu'un utilisateur clique sur un bouton pour afficher un menu déroulant, JavaScript intervient pour afficher le contenu du menu sans recharger toute la page.

AJAX est une technologie clé pour charger des données en arrière-plan, ce qui améliore l'efficacité et la réactivité des sites web. Par exemple, sur un site de médias sociaux, lorsque l'utilisateur fait défiler sa page vers le bas, de nouveaux messages peuvent être chargés sans recharger l'ensemble de la page, offrant ainsi une expérience plus fluide.

La technologie AJAX repose sur des requêtes asynchrones, qui permettent de communiquer avec le serveur en arrière-plan. Ces requêtes permettent d'envoyer des données au serveur et de récupérer des données sans interrompre l'expérience de l'utilisateur. Par exemple, lorsqu'un utilisateur saisit un terme de recherche dans une barre de recherche, des suggestions peuvent être récupérées en temps réel à mesure que l'utilisateur tape, grâce à des requêtes AJAX.

Les données échangées avec AJAX ne se limitent pas à XML, malgré le nom de la technologie. JSON (JavaScript Object Notation) est couramment utilisé pour échanger des données en raison de sa légèreté et de sa facilité d'utilisation. Par exemple, un site d'e-commerce peut utiliser JSON pour échanger des informations sur les produits et les paniers d'achat avec le serveur.

Chapitre 11 : Utilisation de Frameworks PHP

a. Qu'est-ce qu'un framework PHP

Un framework PHP est une infrastructure logicielle conçue pour faciliter et accélérer le développement d'applications web en utilisant le langage de programmation PHP. Il s'agit d'une collection de bibliothèques, d'outils, de modèles de conception et de composants pré-conçus qui offrent une structure organisée pour le développement web. Les frameworks PHP sont conçus pour rationaliser le processus de développement en fournissant des solutions préétablies pour des tâches courantes, ce qui permet aux développeurs de se concentrer sur la création de fonctionnalités personnalisées pour leurs applications. Les frameworks PHP sont essentiels pour garantir la cohérence, la maintenabilité, la sécurité et les performances des applications web.

Un exemple populaire de framework PHP est Laravel. Laravel offre une architecture élégante et expressive qui facilite la création d'applications web performantes et évolutives. Il propose des fonctionnalités telles que l'ORM (Object-Relational Mapping), des outils de gestion des bases de données, des systèmes de routage, et une gestion efficace des sessions et de l'authentification. Laravel suit également les principes du modèle MVC (Modèle-Vue-Contrôleur), qui favorisent une structure claire et modulaire pour les applications web.

Les frameworks PHP simplifient la création de CRUD (Create, Read, Update, Delete) en générant automatiquement du code pour les opérations courantes sur la base de données. Par exemple, le framework Symfony propose un outil appelé Doctrine qui automatise la gestion des entités et des relations entre les tables, permettant ainsi aux développeurs de manipuler les données de manière plus efficace.

La sécurité est une préoccupation majeure dans le développement web, et les frameworks PHP intègrent généralement des mesures de sécurité telles que la protection contre les attaques par injection SQL, la validation des données, et la prévention des attaques Cross-Site Scripting (XSS). Par exemple, le framework Zend offre des fonctionnalités de sécurité avancées telles que la validation des formulaires, la protection CSRF (Cross-Site Request Forgery) et le cryptage des données sensibles.

En outre, les frameworks PHP encouragent l'adoption de bonnes pratiques de développement, telles que la séparation des préoccupations, la réutilisation du code, et la création de tests unitaires pour garantir la qualité du code. Ils offrent également une architecture modulaire qui permet d'étendre les fonctionnalités de l'application à l'aide de composants tiers ou de modules personnalisés.

b. Exemple d'utilisation de Laravel

Laravel est l'un des frameworks PHP les plus populaires et puissants, largement utilisé pour le développement d'applications web. Il offre une variété de fonctionnalités et de composants qui facilitent la création d'applications web performantes, sécurisées et évolutives. Pour illustrer l'utilisation de Laravel, prenons l'exemple de la création d'un simple blog.

1. Configuration de l'environnement : Avant de commencer à développer une application Laravel, il est essentiel de configurer l'environnement de développement. Laravel utilise Composer, un gestionnaire de dépendances, pour installer les bibliothèques nécessaires. Une fois Composer installé, Laravel peut être créé à l'aide de la commande

composer create-project --prefer-dist laravel/laravel blog.

2. Création d'un modèle de données : Dans le cas d'un blog, nous aurions besoin de modèles de données pour les articles et les utilisateurs. Laravel propose un outil en ligne de commande appelé Artisan, qui facilite la création de modèles, de contrôleurs et de migrations. Par exemple, php artisan make:model Article -mc générera un modèle d'article, un contrôleur correspondant et une migration pour la table des articles.

3. Migrations et bases de données : Laravel utilise des migrations pour créer et gérer la structure de la base de données. Les migrations permettent de définir les schémas de table, d'ajouter ou de supprimer des colonnes, et de gérer les modifications de base de données de manière contrôlée. Une migration pour la création d'une table d'articles pourrait ressembler à ceci :

php

```
public function up()
{
Schema::create('articles',    function   (Blueprint
$table) {
$table->id();
$table->string('titre');
$table->text('contenu');
$table->timestamps();
});
}
```

4. Contrôleurs et routage : Les contrôleurs dans Laravel gèrent la logique de l'application. Les routes, définies dans le fichier routes/web.php, dirigent les demandes HTTP vers les actions des contrôleurs. Par exemple, une route pour afficher un article pourrait être définie comme suit :

php

```
Route::get('/article/{id}',
'ArticleController@show');
```

5. Les vues : Laravel utilise le moteur de modèle Blade pour créer des vues. Les vues permettent de générer du contenu HTML en utilisant des modèles dynamiques. Par exemple, pour afficher un article, la vue show.blade.php pourrait ressembler à ceci :

php

```
<h1>{{ $article->titre }}</h1>
<p>{{ $article->contenu }}</p>
```

6. Intégration de l'authentification : Laravel simplifie l'authentification en fournissant des fonctionnalités prêtes à l'emploi. Avec une seule commande Artisan, vous pouvez générer un système d'authentification complet, y compris des vues, des contrôleurs et des modèles pour les utilisateurs.

c. Avantages et inconvénients des frameworks

Les frameworks de développement sont des outils essentiels dans le monde de la programmation, offrant une structure préétablie pour simplifier le processus de développement d'applications. Cependant, leur utilisation comporte des avantages et des inconvénients qui doivent être soigneusement pris en compte dans la sélection d'un framework pour un projet spécifique.

Avantages :

Productivité améliorée : Les frameworks offrent des composants réutilisables et des solutions préconçues pour les tâches courantes, ce qui accélère le développement. Par exemple, un framework PHP tel que Symfony propose des composants prêts à l'emploi pour la gestion des formulaires, l'authentification, et la manipulation des bases de données.

Structure organisée : Les frameworks imposent souvent une structure de projet organisée, favorisant la cohérence et la maintenabilité du code. Le modèle MVC (Modèle-Vue-Contrôleur) est couramment utilisé pour séparer la logique métier, la présentation et la gestion des requêtes.

Sécurité renforcée : Les frameworks intègrent généralement des mesures de sécurité pour protéger les applications contre les attaques courantes, telles que l'injection SQL et le Cross-Site Scripting (XSS). Par exemple, Ruby on Rails inclut une protection par défaut contre les attaques CSRF (Cross-Site Request Forgery).

Inconvénients :

Courbe d'apprentissage : L'apprentissage d'un framework peut nécessiter du temps et des efforts. Les développeurs doivent s'acclimater à la syntaxe, aux conventions et aux fonctionnalités spécifiques du framework, ce qui peut ralentir le développement initial.

Flexibilité limitée : Les frameworks imposent souvent une structure et des conventions strictes, ce qui peut limiter la flexibilité du développement. Les projets très personnalisés ou innovants peuvent rencontrer des obstacles avec un cadre trop rigide.

Surcharge de code : Les frameworks ajoutent généralement une couche d'abstraction, ce qui peut entraîner une surcharge de code inutile. Par exemple, dans le cas d'un projet simple, l'utilisation d'un framework complet peut introduire un excès de complexité.

Mises à jour et maintenance : Les frameworks évoluent avec le temps, et les mises à jour peuvent nécessiter des adaptations dans le code de l'application. La maintenance à long terme peut devenir complexe si un framework est abandonné ou s'il subit des modifications majeures.

CONCLUSION

En conclusion, cet ouvrage a parcouru un voyage complet à travers le monde de la programmation en PHP, en fournissant aux lecteurs une compréhension solide des concepts fondamentaux, des bonnes pratiques de développement, et des outils essentiels pour créer des applications web dynamiques et robustes. L'exploration a débuté par une immersion dans l'historique de PHP, mettant en lumière son évolution continue et sa pertinence continue dans le monde de la programmation.

Le livre a ensuite plongé dans l'environnement de développement PHP, en présentant les outils, les serveurs web, et les pratiques de développement recommandées pour une efficacité maximale. Les lecteurs ont acquis une connaissance approfondie des bases de PHP, y compris la gestion des variables, les opérateurs, et les structures de contrôle. L'art de la création de fonctions a été exploré en détail, offrant aux lecteurs la capacité de modéliser et de réutiliser efficacement le code. Les chapitres sur la gestion des erreurs et les outils de débogage ont fourni des compétences essentielles pour le développement de qualité.

Le livre a également couvert des domaines cruciaux tels que la création de formulaires HTML, la gestion des données de formulaire, la validation des données, la manipulation des fichiers, la sécurité des applications web, et l'interaction avec les bases de données. Les lecteurs ont été guidés à travers la création de systèmes d'authentification et la sécurisation des sessions pour garantir la confidentialité et l'intégrité des données utilisateur.

Enfin, le livre a exploré des concepts avancés, tels que l'introduction au développement web, la création de pages dynamiques, l'interaction avec JavaScript et AJAX, ainsi que l'utilisation de frameworks PHP pour simplifier et accélérer le développement. Les avantages et inconvénients des frameworks ont été mis en évidence pour aider les lecteurs à prendre des décisions éclairées.

En somme, cet ouvrage constitue une ressource inestimable pour les développeurs en herbe et les professionnels chevronnés cherchant à maîtriser PHP et à créer des applications web de haute qualité.

Grâce à sa combinaison d'explications théoriques, d'exemples pratiques et de conseils avisés, ce livre est conçu pour aider les lecteurs à devenir des experts en programmation PHP et à s'épanouir dans le monde en constante évolution du développement web. Que ce livre soit votre introduction à PHP ou votre outil de référence, il offre un chemin solide vers le succès dans le développement d'applications web. Bon voyage dans le monde dynamique de la programmation en PHP.